QUESTIONS COLONIALES.

QUESTIONS COLONIALES.

PAR

M. BETTING DE LANCASTEL,

ANCIEN DIRECTEUR-GÉNÉRAL DE L'INTÉRIEUR A L'ÎLE BOURBON.

PARIS,

IMPRIMERIE DE BÉTHUNE ET PLON,
36, RUE DE VAUGIRARD.

—

M DCCC XXXVI.

QUESTIONS COLONIALES.

<hr>

CHAPITRE PREMIER.

DE L'ABOLITION DE L'ESCLAVAGE.

epuis   long-temps l'abolition de l'esclavage est ré-
solue dans l'opinion continentale : lorsque la traite des
noirs a été proscrite et déclarée infâme, il était logi-
que de penser que l'esclavage ne serait pas maintenu.
Quoi ! vous défendez d'acheter des esclaves dans des
pays qui ne sont pas les vôtres, et vous iriez perpétuer
l'esclavage chez des hommes qui, placés sous vos lois,
ont ce cruel droit à votre protection, qu'ils naissent esclaves, qu'ils passent d'un maître à un autre jusqu'à
la tombe, parce qu'ils ont vu le jour sur une terre
de France! Mais un principe posé et maintenu porte in-
failliblement ses conséquences ; aussi l'abolition de l'esclavage devient-elle, dans tout esprit impartial, la suite
naturelle de l'abolition de la traite des noirs. J'ai quelque droit de revendiquer l'honneur d'avoir été un des

premiers à faciliter la solution de cette importante question. Nous ne sommes pas éloignés d'une époque où l'on regardait la cessation de l'esclavage comme impossible dans nos colonies, parce que la France ne pourrait pas allouer une indemnité suffisante pour payer non-seulement les noirs, mais aussi la terre et les usines dont les colons ne croyaient pas pouvoir tirer parti sans esclaves; la question était encore ainsi comprise, au moment où je fus nommé directeur-général de l'intérieur à l'Ile-Bourbon.

Lorsque je revins en France, un trône était renversé, et l'on travaillait à en consolider un autre; ce n'était pas, je le sais, le moment pour les ministres de s'occuper de graves questions étrangères à la paix ou à la guerre, à l'armement et à la défense de l'état, à la répression des complots et des émeutes; mais les bureaux des colonies, si étrangers à la paix ou à la guerre, à l'armement et à la défense de l'état, à la répression des complots et des émeutes, pouvaient préparer l'avenir des colonies, de telle sorte qu'il ne risquât plus d'être renversé par le choc d'une question de principes; il fallait arrêter nettement ses idées sur l'avenir de l'esclavage, organiser une administration qui pût donner aux colonies les améliorations dont elles ont besoin, administration qui, en inspirant de la confiance, pût s'occuper avec succès de la condition des noirs. Avec de la prudence dans l'esprit et de la justice dans le cœur, on sent que l'abolition de l'esclavage n'est pas une mesure que l'on puisse ordonner sans avoir rien préparé pour en mûrir l'exécution;

c'est dans cette pensée que je remis à la direction des colonies une note dont je vais donner quelques extraits :

« Il y a une immense popularité à conquérir pour le premier gouvernement qui prononcera l'abolition de l'esclavage : une mesure aussi vivement appelée par les vœux de la société européenne peut seule donner une force complète à la prohibition de la traite des noirs; car tant que l'esclavage existera avec le préjugé de ses besoins, d'odieuses spéculations renaîtront sans cesse pour le soutenir, et plus les lois qu'elles auront à craindre seront sévères, plus aussi s'élèveront les bénéfices de ce honteux commerce, que les peines seules sont impuissantes à réprimer, parce qu'il est toujours des hommes qui, en dépit des lois comme de l'opinion publique, poursuivent la fortune jusques dans les voies les plus immorales et les plus dangereuses. »

. . . .

« Abolir l'esclavage sans injustice est plus facile aujourd'hui à la France qu'à tout autre gouvernement, par une raison de malheurs passés qu'il faut faire tourner à sa gloire actuelle, c'est-à-dire par le peu de possessions d'outre-mer qui lui sont restées. Je ne sache pas que personne encore ait établi cette possibilité d'accord avec le respect des droits acquis (1).

« L'administration de l'Ile-Bourbon a pris une mesure qu'elle avait eu le soin de populariser avant son adoption; je parle de l'instruction des gens de travail,

____

(1) C'était en 1831.

engagés dans l'Inde pour trois ou cinq ans..... On ne voyait généralement alors dans ces engagements qu'un mode légal de remplacer la traite des noirs (1), à laquelle il fallait franchement renoncer : rendre un crime inutile est le meilleur moyen d'en empêcher le retour ; tel fut dans cette circonstance le langage de l'auteur de la présente note, qui portait ses regards jusques vers l'abolition de l'esclavage ; car une fois la preuve bien généralement établie que l'esclave n'est plus l'être indispensable à la mise en valeur de la propriété coloniale, il ne s'agirait plus d'étendre aux immeubles l'indemnité pour l'affranchissement des esclaves....

. . . .

« J'ai la conviction la plus complète que les Indiens libres remplacent parfaitement les Africains esclaves dans les travaux de nos possessions intertropicales, et quand on aura bien franchement établi ce système de recrutement sans arrière-pensée de faire une quasi-traite, rien n'empêchera d'engager des Madécasses et d'autres Africains assez avancés en civilisation pour former une réunion de gens libres. Les Indiens, de mœurs généralement douces, jouissant de quelques éléments d'instruction, convenaient mieux que tous autres aux premiers essais du système établi à l'Ile-Bourbon. Moins forts que les Africains, ils ont toute-

---

(1) Article 1779 du Code civil : Il y a trois espèces principales de louage d'ouvrage et d'industrie ;

1° *Le louage des gens de travail qui s'engagent au service de quelqu'un*, etc.

fois plus d'adresse que ceux-ci, et font un meilleur emploi de leurs forces ; ils travaillaient à Bourbon dès leur débarquement sans tomber malades, tandis que les noirs qui provenaient autrefois de la traite, exigeaient pour leur acclimatement des soins et des ménagements qui étaient pendant plus d'une année une charge sans compensation pour l'habitant. Mais, encore une fois, la légalité des engagements ne se borne pas à l'Inde. Quand ces engagements, avec des mesures d'exécution sagement ordonnées, auront fait cesser toute espèce de traite, rien n'empêchera d'aller demander des engagés au pays d'où l'on tirait des esclaves, et l'on remplacera ainsi, par un acte de bienfaisance et de civilisation, un commerce qui, dans son état actuel, n'est plus qu'une atroce barbarie..... »

J'ai proposé dans cette note de racheter les esclaves au moyen d'une indemnité en argent, qui serait immédiatement payée au propriétaire, et d'un engagement gratuit de douze ans, par lequel l'esclave completterait son rachat. J'ai proposé en même temps de répartir les rachats en quatre années, pour n'avoir pas à s'occuper à la fois d'une trop grande masse d'individus arrivés à l'expiration de leurs engagements, et je disais : « Ce mode de rachat diminuerait considérablement la dépense, en même temps qu'il serait conforme aux intérêts de la société coloniale ; car tous les esprits sages doivent reconnaître qu'il serait dangereux d'appeler brusquement tous les esclaves à un état complètement libre : des hommes tenus en dehors de la civilisation actuelle, qui elle-même s'est formée progressivement, ne peuvent tout-à-coup y être jetés par masses, sans danger pour la société, et sans inconvénient pour eux-mêmes.... »

« A l'expiration de l'engagement gratuit, des engagements productifs pour les travailleurs pourraient être contractés par les anciens esclaves, soit avec le propriétaire qui fut leur maître, soit avec tout autre, et cet acte devrait être fait deux ans avant l'expiration de l'engagement d'affranchissement, pour que le gouvernement pût connaître d'avance ceux des individus qui n'auraient point de moyens d'existence dans la colonie. On les conduirait à Madagascar (1) ou dans toute autre colonie que la France voudrait former, et on leur donnerait en concession des terres à cultiver pour leur propre compte : il serait impossible de laisser à Bourbon, déjà très-peuplé, des individus qui, sortant d'un état voisin de l'esclavage, seraient sans travail et sans moyens d'existence. La nouvelle colonie, que l'on formerait ou que l'on développerait ainsi avec des bras libres, serait une augmentation de richesses pour la France ; ce moyen donnerait seul la possibilité de faire des travaux d'assainissement, qui rendraient habitables, pour une population blanche, des contrées qui, dans leur état actuel, sont funestes aux Européens, et dont l'insalubrité n'affecte point certaines castes des peuples de l'Afrique. »

---

(1) Ma note n'a été faite que pour Bourbon, parce que je connais particulièrement cette colonie, dont le bon esprit a toujours secondé les vœux de la métropole.

(11)

« Sous d'autres rapports encore que l'accroissement de la richesse publique, un homme d'état devrait peut-être s'occuper, plus que jamais, d'étendre les colonies dans l'intérêt de cette population ardente, qui, faute d'occupation pour son esprit, s'agite dans le sein de la France. Le moyen des colonies a toujours paru une précieuse ressource dans de pareilles circonstances, et nous ne pouvons plus coloniser que des possessions d'outre-mer. Les Romains multipliaient les colonies à mesure qu'ils reculaient les bornes de leur empire. « C'était, » dit M. Renouard dans son *Histoire du droit municipal de France,* « c'était une décharge « de cette multitude prodigieuse de citoyens dont « Rome se trouvait accablée. »

« En résumé, je propose l'abolition progressive de l'esclavage, au moyen d'un paiement immédiat en argent, et d'un engagement de douze ans, qui formerait, de la part de l'esclave, le complément de l'indemnité due au maître. Ce moyen présenterait l'avantage :

« 1° De donner aux esclaves un sort de transition; de les préparer ainsi à l'état de liberté, pour les mettre à même d'en jouir sans inconvénient pour les colonies, et avec avantage pour eux.

« 2° De laisser les colons avec leurs ateliers actuels pendant douze ans, et de débarrasser leur avenir de toutes les craintes attachées à la question de l'esclavage.

« 3° D'augmenter la masse des capitaux en circulation dans la colonie.

« Ainsi un grand but moral serait atteint, en même

temps que les intérêts matériels recevraient un secours qui pourrait les élever à une prospérité aussi
utile à la métropole qu'aux colonies elles-mêmes. »

Je rappelai cette note au directeur des colonies,
lorsque je sus que l'on s'occupait d'un projet de loi
concernant les colonies ; le 4 octobre 1831 , je reçus la
réponse suivante : « La commission de législation
« coloniale, établie près du département de la ma-
« rine, s'occupe en effet de préparer un projet de loi
« sur les colonies, mais l'objet que vous avez traité
« dans une note que vous me rappelez ne s'y trouve
« pas compris. »

Alors l'Angleterre ne s'était pas encore occupée du
bill d'émancipation , et je désirais, pour l'honneur de la
France, que, dans une question d'humanité , notre
ligne de conduite ne fût point tracée à l'étranger ; je
désirais, dans l'intérêt de nos colonies, que la question
fût traitée avant qu'on pût leur citer l'exemple des colonies anglaises, et mettre ainsi à moindre prix le sacri-
fice demandé à nos compatriotes d'outre-mer. Si cette
question, dont le gouvernement ne s'occupait point
alors, fût arrivée à une de nos tribunes législatives
avec le secours d'une parole puissante, le succès pouvait encore lui être assuré. M. le vicomte de Château-
briant arriva à Paris, et je m'empressai de lui écrire,
parce qu'il n'est point de cause dont il faille désespé-
rer avec une si forte et si noble assistance. Il me ré-
pondit le 4 novembre 1831 : « Ce sera avec un ex-
« trême plaisir que j'aurai l'honneur de vous revoir,
« mais je ne suis revenu en France que pour un temps

« très-court, et je ne pourrais exposer vos nobles pro-
« jets à la tribune , puisque j'ai refusé mon serment à
« l'ordre de chose actuel comme pair de France. Quoi
« qu'il en soit , je suis à vos ordres, et je serai charmé
« de vous entendre. »

Dès-lors je renonçai à m'adresser à la puissance
parlementaire comme au gouvernement , et je me ran-
geai à l'opinion que le temps n'était pas venu de s'occuper utilement de l'émancipation. Je me tus, n'ayant
eu d'autre désir que de me rendre utile , et ne vou-
lant pas traiter d'une manière spéculative , dans la
seule vue d'un peu de popularité , une des questions
les plus populaires de notre époque.

L'Angleterre a préparé pendant vingt ans ses colonies à l'abolition de l'esclavage. Qu'a fait sous ce rapport le ministère français de la marine et des colonies,
depuis la paix de 1814 ? Rien. Que fait-il dans ce mo-
ment-ci ? il cherche encore à savoir ce qu'il doit faire.

CHAPITRE II.

DU COMMERCE DES COLONIES AVEC LA MÉTROPOLE.

Toute l'importance des produits coloniaux se trouve aujourd'hui dans la fabrication du sucre. Si les colonies n'avaient plus de produits à exporter, elles ne pourraient plus rien recevoir de la métropole ; en d'autres termes, les colonies seraient entièrement ruinées, le commerce maritime ferait des pertes immenses ; il y a donc, sous le rapport des intérêts matériels, une question bien plus importante pour nos colonies que celle de l'abolition de l'esclavage.

Les sucres de Bourbon, vendus en France, sont grevés d'un droit et de frais dont le total varie de 37 à 38 fr. les cent livres ; cependant nous touchons au moment où le sucre de betteraves pourra suffire à la consommation de la France ; nous touchons au moment où *le prix de revient* de ces sucres sera de 25 fr. ; c'est-à-dire que bientôt, si la législation n'est point changée, il ne sera plus possible à nos colonies d'envoyer du sucre en France. Le trésor sera privé d'une perception de plus de *trente millions ;* le commerce maritime n'aura plus de marchandises à porter dans nos colonies, parce que la misère n'achète rien (1) ; il

---

(1) En 1834, les exportations pour nos colonies ont été de

devra chercher à remplacer les 80,000 tonneaux (1) dont ses bâtiments étaient chargés par les retours en sucre des colonies ; 260 navires de 300 tonneaux chacun auront à chercher une autre destination, et plus de 3,000 marins sont attachés au sort de ces navires. Que si vous frappez les sucres indigènes d'un droit, sans vous occuper du sucre colonial, vous reculerez d'une ou de deux années peut-être, le changement que vous voulez éviter ; mais la fabrication indigène, pleine de ressources et qui n'a point de chances coloniales à craindre, vers laquelle les capitaux se dirigent en toute sûreté, deviendra par la force des choses une rivale heureuse de la fabrication du sucre des colonies, où l'on craint avec raison toute nouvelle dépense d'usines pour l'application du procédé dont profite la fabrication indigène. Modérez l'impôt qni pèse sur les sucres des colonies, si vous voulez percevoir des droits, car déjà, pour éviter une ruine actuelle, ces sucres sont exportés pour l'étranger, où n'arrivent point les sucres de betteraves. Modifiez cet impôt, et les sucres des colonies pourront lutter encore pendant une dixaine d'années avec les sucres indigènes, et le consommateur aussi, c'est-à-dire la France entière, profitera de cette modération de droits. Éclairés aujourd'hui sur l'avenir

---

46,895,508 fr., y compris 4,814,534 fr. pour Saint-Pierre et Miquelon, et la pêche française, et ont employé quatre cent soixante-quatre navires, montés par 6,291 marins. (*Tableau général du commerce de la France*, publié par l'administration des douanes.)

(1) Il a été importé en France, en 1854, 85,049,141 kil. de sucre de nos colonies. (Document cité.)

de la fabrication indigène qui commence seulement à apparaître dans toute sa force, les intérêts coloniaux auront le temps de s'appliquer à une nouvelle culture, favorisée par un climat dont ne jouit aucune terre en Europe ; ainsi seulement vous éviterez la perturbation dont sont menacés les intérêts coloniaux et les intérêts du commerce maritime de France, par un brusque changement dans nos relations avec les colonies. La fabrication indigène est un fait accompli qu'il faut accepter, et que dans l'intérêt de la France agricole vous ne devez pas étouffer, j'en conviens, mais tous les citoyens d'un même état doivent être égaux devant la loi, et c'est en matière d'impôts surtout qu'il ne faut point d'inégalité ; soyez donc conséquents avec ce principe élémentaire de toute constitution sociale, et lorsqu'une fabrication française est éloignée de votre marché, qu'elle emploie vos navires à lui porter les usines qui lui sont nécessaires, et à vous rapporter ses produits (1), comment ne songez-vous pas à la dégréver d'une partie au moins de ce droit exorbitant qui pèse sur elle, à la dégréver ainsi dans l'intérêt de la justice distributive, dans l'intérêt du commerce maritime, dans l'intérêt du trésor même, tandis que la fabrication indigène dont les produits se placent sans frais n'est soumise à aucun

---

(1) Le frêt de Bourbon en France est de 140 fr. le tonneau de 2,000 livres ; il est d'environ 90 fr. de Maurice en Angleterre ; souvent même il est de deux livres sterling et demie (62 fr.) ; c'est donc un tribut d'au moins 50 fr. par tonneau que la colonie paie au commerce national, la loi obligeant les colonies à envoyer leurs produits dans la métropole par bâtiments français. Voilà encore un de ces faits importants qu'on ignore trop généralement en France.

droit? Avec les prix actuels, la consommation du sucre peut augmenter et compenser un excédant de production; une modération de droits contribuera encore à une plus grande consommation, et si elle est combinée avec un impôt léger même que le trésor demanderait aux sucres indigènes, comme il en demande aux vins et au sel aussi nécessaires que le sucre, il n'y aura plus injuste oppression des intérêts coloniaux et des intérêts maritimes de la France.

Il s'agit de combiner sans retard l'intérêt de la fabrication indigène, celui du commerce maritime et l'intérêt des colonies. Le ministère de la marine est-il en situation de s'occuper de ces intérêts? Je ne le crois nullement; ces intérêts devraient tous être réunis dans la même main, pour être pondérés de telle sorte qu'ils ne l'emportent point l'un sur l'autre, au grand dommage de la France.

CHAPITRE III.

DE LA NÉCESSITÉ POUR LES COLONIES D'ÊTRE REPRÉSENTÉES A LA CHAMBRE DES DÉPUTÉS.

Les colonies ne sont point représentées à la chambre des députés; est-ce un bien, est-ce un mal? Cette question a été long-temps controversée. Quelques esprits pensaient que les colonies devaient se soustraire aux décisions parlementaires : qu'une fois les intérêts coloniaux représentés par un petit nombre de députés, les chambres pourraient s'occuper des questions coloniales, par la raison incontestable que les députés des colonies participeraient aux discussions intéressant la France continentale. Mais qui empêche actuellement la chambre des députés de s'occuper des intérêts coloniaux? Les colonies ne sont-elles point régies par les lois; les lois ne sont-elles pas faites par les trois branches du pouvoir législatif? et pense-t-on que les chambres saisies d'une question qui leur paraîtrait juste et urgente ne s'en occuperaient point, par la raison que les colonies ne sont pas représentées, ce qui d'ailleurs n'est contraire à aucune loi? L'omnipotence parlementaire ne peut plus être niée, depuis le 7 août 1830 surtout, et je crois que la chambre des députés, prévenue par quelques-uns de ses membres, colons eux-mêmes, des inconvénients d'une proposition ayant trait aux colonies, la rejeterait bien plus sûrement que si les colonies n'avaient pas là des représentants naturels chargés de les défendre.

Tous les Français ont dans l'ordre politique des intérêts communs, et certes les colonies sont, autant que la France continentale, intéressées à repousser l'anarchie, à prévenir une guerre imprudente ; sous ce rapport déjà les colonies ont droit à la représentation nationale ; mais quand il s'agit de changer les conditions de leur existence, leur droit d'être représenté est si naturel, que personne sans doute ne voudra le contester. Un avantage encore de cette représentation, c'est que le ministère étudierait bien plus les questions coloniales qu'il ne le fait aujourd'hui; que dès lors il serait bien plus en situation de discuter avec les délégués ce qui convient à l'intérêt des colonies, si ces délégués ayant entrée à la chambre pouvaient être rencontrés dans toutes les questions législatives ; les colonies ont tellement senti cet avantage que deux d'entre elles ont choisi pour délégués des membres de la chambre des députés.

Le ministre de la marine et des colonies s'occupe spécialement de la marine, et ses connaissances en général ne le mettent pas en situation d'éclairer la question coloniale; aussi est-il souvent arrivé qu'en sa présence à la chambre, les erreurs les plus graves sont restées sans réponse; quelquefois même ces erreurs ont été confirmées par les paroles du ministre, pressé de s'expliquer dans une discussion à laquelle il n'était point préparé.

Généralement tous les préjugés en matière coloniale ont conservé leur force, abandonnés qu'ils sont par la discussion publique : le gouvernement paie les services guerre et marine dans les colonies, on dit tout aussitôt que les colonies sont à charge à la France ; elles paient à la métropole 34 millions pour l'importation de leurs produits, mais ce fait reste inaperçu, et l'on répète ce que d'autres ont dit : les colonies sont à charge à la France. Si l'on s'arrête un instant aux droits que paient les denrées coloniales en France, on dit que l'étranger paierait les mêmes droits et nous fournirait les sucres à meilleur marché que nos colonies. Cela même n'est plus vrai, aujourd'hui que les sucres sont plus chers à l'étranger qu'en France, et nos colonies, qui ont été obligées de s'approvisionner de marchandises françaises à l'exclusion des marchandises étrangères beaucoup moins chères, et de payer un frêt plus cher qu'à l'étranger, vont cependant chercher les marchés étrangers pour obtenir de meilleurs prix qu'en France. Les trente millions que paient les sucres coloniaux sont un véritable tribut de nos colonies et une protection que l'on accorde à la fabrication des sucres de betteraves : c'est donc trente millions que cette fabrication coûte à la France ; on ne le dit point, bien que cela soit vrai ; on dit que les colonies sont à charge à la France, bien que cela ne soit pas vrai. Je sais que la fabrication du sucre indigène peut devenir une source de richesses ; mais encore une fois examinez la question d'une manière complète, et n'en morcelez pas les éléments pour les laisser épars dans les différents ministères. Si les sucres étrangers étaient admis aux mêmes conditions en France que les sucres coloniaux, par réciprocité les marchandises étrangères devraient être admises dans les colonies aux mêmes conditions que les marchandises françaises. Je ne crois pas que cette position pût devenir avantageuse à la France : il faut d'abord ne pas perdre de vue que les États-Unis ont une bien moindre distance à franchir que nous pour communiquer avec nos colonies ; que d'un autre côté les Américains naviguent à meilleur marché que nous : on lit dans l'Edimburg-Review (Revue britannique, février 1835) : « Les Américains n'emploient que » quatre hommes et demi pour naviguer 100 tonneaux, » les Anglais neuf ; les Français en mettent treize et » demi (1). » Il est vrai qu'il se perd beaucoup moins d'équipages français que d'américains et d'anglais, et c'est à mon sentiment un avantage qui compense bien la cherté de la navigation ; mais de cette dernière circonstance résulte toujours la difficulté de maintenir dans le commerce maritime une concurrence avec l'Angleterre et les États-Unis ; ainsi les 49 millions de marchandises importées de nos colonies en France (2), et les 42 millions de marchan-

---

(1) Je crois que ces résultats ont dû être établis sur des documents anciens ; aujourd'hui, certes, la marine française ne met pas treize hommes à naviguer 100 tonneaux, mais elle emploie encore beaucoup plus de monde que la marine américaine.

(2) 49,163,341 fr. en 1834. (*Tableau général du commerce de la France.*)

dises portées de la France dans nos colonies (1) alimenteraient plutôt la navigation étrangère que la navigation française, si la liberté du commerce se bornait à la navigation, et la France ne fournirait presque rien à ses colonies, si la liberté du commerce était générale. Vous concluez de ce que les colonies importent 49 millions et n'apportent que 42 millions, qu'elles sont onéreuses à la France ; mais vous estimez à moitié plus que leur valeur réelle, les denrées qu'elles importent en France, puisque vous portez le taux d'évaluation du sucre à 60 et 70 centimes le kilogramme, tandis qu'il ne doit être que de 40 à 45 centimes : les comptes de vente ne présentent généralement qu'un net produit de 20 à 22 fr. 50 c. les 100 livres de sucre ; cette année, il a été vendu 38 et 40 fr. des sucres communs qui figurent dans le total des importations, et dont le net produit ne sera pas de 10 centimes le kilogramme. Ne vous étonnez donc pas si les colonies ont acheté pour 7 millions de moins que le montant officiel de leurs ventes en France. Je doute que la liberté du commerce pût vous présenter en réalité une balance aussi avantageuse à l'industrie française que nos colonies qui, malgré leur éloignement, s'approvisionnent exclusivement en France, et ces quelques rochers, dont vous parlez avec tant de dédain, paient le dixième de tous les objets manufacturés que la France exporte par terre et par mer (2).

---

(1) 42,080,974 fr., en 1834. (Document cité.)
(2) Tableau général du commerce.

L'économie n'est point la vertu des colons, et leurs dépenses sont toujours plus considérables que celles des fortunes européennes analogues aux leurs. Les noirs aussi font une grande consommation d'objets manufacturés, et toute la population esclave des villes a une mise que certes les villageois en France trouveraient élégante. A qui tout cela profite-t-il? A l'industrie et au commerce de la métropole.

Si nos colonies étaient représentées, leur situation et leur avantage pour la France seraient beaucoup mieux connus qu'aujourd'hui. Ce n'est plus l'obscurité qui leur convient, c'est le grand jour qui leur est nécessaire. Les questions qui les intéressent seront d'autant plus résolues en leur faveur qu'elles seront mieux comprises. Si les colonies étaient représentées, elles seraient défendues, et seraient dès-lors mieux connues qu'elles ne sont aujourd'hui. C'est leur véritable intérêt.

CHAPITRE IV.

DE L'ADMINISTRATION DES COLONIES.

L'administration des colonies est la plus dispendieuse et la plus compliquée que je connaisse. On a voulu lui donner une impulsion militaire, impulsion qui présente ailleurs l'avantage de la simplicité et d'une rapide exécution, mais que dans les colonies on a compliquée de discussions et de rapports si imparfaitement ébauchés, qu'on ne saurait dire quelle est l'autorité réellement chargée d'administrer le pays.

Un gouverneur est placé à la tête de l'administration ; son traitement est de 60 ou 80,000 francs. Créé à l'image des rois constitutionnels, on s'est figuré qu'en lui donnant des ministres responsables, tout irait pour le mieux ; que les chefs d'administration feraient tout le travail, soumettraient tout à la décision du gouverneur, se conformeraient à ses ordres, et seraient responsables de leur service, comme s'il pouvait y avoir responsabilité sans liberté d'action. On discute en conseil privé des mesures dont quelques-unes sont de la compétence d'un maire de village en France ; les administrateurs passent ainsi huit jours par mois en conseil, puis doivent, sur chaque détail, faire un rapport au gouverneur, lui soumettre une décision, et l'éclairer sur le projet qui lui est soumis. Le gouverneur, qui ne doit rien faire sans la proposition du chef de l'administration, et le chef d'administration, qui doit tout soumettre au gouverneur, sont absorbés dans une bureaucratie, dont l'esprit le plus actif peut à peine sortir pour veiller à l'administration du pays. Puis à qui l'honneur ou le blâme d'un acte d'administration? Au gouverneur? Mais songez donc que l'administrateur a sa gloire aussi à chercher dans le monde, et qu'il sera d'autant plus zélé, d'autant plus attentif à ses fonctions, que l'opinion publique l'attendra à chaque pas de sa carrière, pour lui jeter le blâme ou lui dire qu'il a bien mérité du pays. Lorsqu'il comprend ainsi sa position, il consacre ses veilles à la chose publique qu'il sert aux dépens de ses intérêts privés; c'est là un fruit précieux que vous perdez, si le chef de l'administration n'est en réalité qu'un chef de bureau. C'est donc à l'administratenr qu'il faudra reporter le sentiment public qu'auront inspiré les mesures d'administration? Mais alors, que devient le gouverneur, et quelle considération s'attache à lui pour les signatures qu'il a placées au bas des actes d'administration?

Les gouverneurs sont ordinairement choisis parmi les officiers généraux et supérieurs de la marine ; mais ces officiers ne connaissent point les éléments de l'administration publique, et, dans les colonies, naissent à chaque pas des questions d'économie politique. Dans les colonies, on doit depuis long-temps se préparer à un état nouveau, et des fautes peuvent y coûter du sang. En présence de circonstances si graves, et à une époque aussi sérieuse que la nôtre, il faut quelque chose de mieux que des fictions politiques que personne ne respecte plus, lorsque du souverain on veut les faire descendre jusqu'à de simples officiers que le ministre peut nommer gouverneurs. Certes la marine a des officiers distingués ; mais ceux-là sont rarement choisis. Des chefs d'administration sont placés près du gouverneur ; peu importe dès lors qu'il soit homme instruit ou non, capable ou non ; ce que l'on cherche, c'est une position pour un officier que l'on protège, n'importe l'intérêt du pays. Cela est arrivé trop souvent ; puis, quand l'incapacité n'a rien pu produire, on se justifie par une injure au caractère national, en disant que la France ne sait point coloniser. Il faut un terme à de pareilles nominations ; il faut simplifier l'administration des colonies, charger du commandement un homme qui sache commander, charger de l'administration un homme qui sache administrer, puis employer les économies à ouvrir des routes et des canaux pour ne plus obliger les esclaves à être de véritables bêtes de somme.

CHAPITRE V.

CE QU'IL CONVIENT DE FAIRE QUANT AUX COLONIES.

Les colonies ne sont pas représentées, ne sont pas défendues, ne sont point administrées, et c'est dans cet état que l'on veut s'occuper de l'abolition de l'esclavage ; je dis que cela n'est point possible, parce que je ne dois pas supposer que les Chambres veuillent une chose injuste et contraire à ce principe si naturel qu'une population entière, aussi bien qu'un homme seul, ne doit pas être condamnée sans avoir été entendue. Entendez donc les colonies ; entendez-les comme vous entendez tous les départements de France ; entendez-les lorsque leur langage pourra s'exprimer avec toute la liberté, toute l'indépendance de la tribune ; donnez aux colonies des administrateurs capables, qui exerceront de l'influence autour d'eux, et qui, inspirant de la confiance, faciliteront l'exécution des mesures que vous prendrez ; considérez que les questions qui intéressent le plus les colonies, et la France par rapport aux colonies, sont des questions de commerce et d'industrie, liées à des questions de commerce et d'industrie de la métropole ; placez en conséquence les colonies dans les attributions du ministère du commerce, ministère qui n'a point en

France un personnel auquel, par faveur, il donnerait les fonctions les plus importantes des colonies, et qui dès lors serait le plus disposé à concerter avec les autres ministères les choix pour les divers emplois, agréant pour gouverneur un contre-amiral ou un commissaire-général de la marine, aussi bien qu'un officier-général de l'armée de terre ou un préfet, selon les circonstances, et suivant la capacité de l'un ou de l'autre ; donnez des députés aux colonies ; leur présence à la Chambre, les vœux sages, les propositions raisonnables qu'ils feront entendre, effaceront les préventions de quelques-uns de leurs collègues ; les lumières qu'ils apporteront dans la discussion des intérêts coloniaux, éclaireront la justice qui doit diriger toutes vos décisions, et lorsque vous serez appelés à changer les bases du système colonial, l'intérêt des propriétaires sera défendu devant vous ; tout alors se passera suivant le droit ; vous jugerez en conscience, car vous n'êtes pas des hommes de haine et de spoliation ; vous pourrez prononcer l'abolition de l'esclavage d'accord avec les colonies ; vous pourrez régler leurs intérêts matériels, d'accord avec ceux du commerce maritime et de l'industrie métropolitaine.

La France a dépensé des millions pour l'affranchissement de la Grèce ; elle a dépensé des millions pour secourir l'infortune des réfugiés qui lui ont demandé un asile (1), et sa justice ne sera pas un mensonge, quand elle voudra faire cesser un droit de propriété

----

(1) 10,500,000 fr., en 1832.

dans des possessions françaises, propriété illégitime à nos yeux, mais d'abord encouragée, puis long-temps reconnue par les lois de toutes les nations ; propriété qui dès lors a été transmise de bonne foi.

Pour arriver ainsi à l'abolition de l'esclavage, et j'en ai démontré la possibilité avant qu'elle fût proclamée par l'Angleterre, hâtez-vous d'organiser la représentation, les pouvoirs politiques et administratifs qui doivent régir les colonies ; hâtez-vous de modérer l'impôt excessif qui pèse sur l'importation de leurs produits en France ; les recettes du trésor y sont elles-mêmes intéressées, puisque déjà, en 1835, des sucres coloniaux ont été réexportés des entrepôts français pour les marchés étrangers, parce que le droit de consommation est trop élevé en France. Cette modération de droits ne profitera pas aux seuls intérêts des colonies et du trésor ; la navigation et les places de commerce maritime y trouveront aussi un élément de prospérité, dont elles ont le plus grand besoin.

Jusqu'au moment où vous ferez une organisation conforme aux véritables intérêts de la France et au droit naturel des colons, ne perdez point le souvenir de Saint-Domingue, et soyez justes envers la population blanche ; elle le sera d'autant plus envers la population esclave.

FIN.

www.ingramcontent.com/pod-product-compliance
Lightning Source LLC
Chambersburg PA
CBHW071431030726
47594CB00006B/2684